JN437823

반대편에 반짝이는

책만드는집 시인선 108

반대편에 반짝이는

김순국 시집

책만드는집

| 시인의 말 |

곱게 늙고 싶은 마음에 시 공부를 시작한 게 10년이 되었다. 시간은 흘렀지만 생활인으로 고정관념의 벽은 두꺼웠고 주부로서 해야 할 일들에 어수선했다. 그나마 아팠던 아들과 5년 동안 올레길을 주말마다 걸었던 것이 도리어 시 공부에 도움이 되었던 것 같다.

시각 장애가 2차적으로 온 아이에게 주변 풍광을 이야기하면서 걸었던 길……, 한없이 아름다운 그 길에서 슬픔으로 얼룩지기도 하고 위로를 받기도 하였다. 길에서 만난 이야기들은 여유를 찾아주었고 상상의 세계도 열어주었다. 하지만 현실적으로 간병하면서 바작바작 타버린 들녘처럼 기력은 소진해버렸다. 그렇게 삭막했던 내게 자기 대신 시를 써달라던 아들의 부탁 때문에 시를 포기하지도 못하였다. 녹내장으로 책을 몇 장 읽으면 눈이 빵빵해지고 피곤해서 차라리 포기하고 싶었다. 그래도 놓아버리지 않았던 게 잘한 일이었다.

곁에서 지켜봐 주신 남편께 감사드린다. 무엇보다 진지하게 나의 시를 평해주던 우리 큰아들이 몹시 그립다. 취업 전선에서 고군분투하면서도 엄지 척 이모티콘을 보내주던 재한이도 고맙다.

그리고 특히, 좋은 시를 편지 봉투에 넣어 전해주곤 하던 친구 영자와 미국에 계신 순협 언니, 격려해주던 꽃 친구들, 녹내장 환우들, 가끔 안부를 전하는 사람들…… 마음의 다리 '시'가 있어 소통할 수 있어 감사했다. 청주에서 시화의 세계를 터주신 예손 서현정 선생님께도 깊은 감사를 드린다.

—2018년 봄의 입구에서

김순국

| 차례 |

1부 너의 별

2부 내 인생 이모작에

3부 천자문 올레 걷기

4부 천자문 풍경 따라

1부

너의 별

저녁놀

저녁밥 짓는구나
수한이가 사는 집에

그 동네 잔별들을
하나 둘씩 불러 앉혀

가깝게 저무는 하늘이
숭늉 물을
끓이나

* 천자문 시조 쓰기 '불 화火'에서.

너의 별 1

블랙홀 알 수 없는 곳에
무엇으로 다시 만나리

발신음도 닿지 않는
전화기의 주인이여

네 인생 이야기꽃이
그 별에 가
맺혔다

* 천자문 시조 쓰기 '검을 현玄'에서.

너의 별 2

앞서거니 뒤서거니
도란도란 걷던 이 길

그 길 풀포기에
도란도란 맺힌 이슬

이제는 추억의 길에
엄마 혼자
젖는다

* 천자문 시조 쓰기 '하늘 천天'에서.

가을비

거칠거칠 껍질 벗는
나의 몸이 저랬었지

비바람 주름투성이
구부리지 못하던 손

어머니 골 깊은 헌신이
초가을에
내린다

* 천자문 시조 쓰기 '거칠 황 荒'에서.

억새 머리

여섯 낳고 키우시다 보살같이 희어버린

"사람이 사람 낳는 일, 반쯤 죽다 사는 일"

내 어미 억새 머리에 찬 서리가 내렸지

* 천자문 시조 쓰기 '서리 상霜'에서.

그리운 휘파람 소리

잠수라면 제주 해녀 어머니의 어머니가

맨발 '빌레' 위로 한 망사리 미역을 따며

아득히 쌍돛대 세우던 휘파람이 그립다

* 천자문 시조 쓰기 '잠길 잠潛'에서.

매화꽃

한 가지 기쁨이
천 개 고통 이긴다 했네

육 개월 재취업 문
서른 넘게 두드려온

둘째가 눈보라 이기고
매화꽃을
피웠네

* 천자문 시조 쓰기 '기쁠 흔欣'에서.

아들의 서울살이

회색 도시 전셋값이
고층 빌딩을 넘는구나

억지춘양 타향살이
고달픈 샐러리맨

아들의 서울살이가
가뭄 돌밭 풀잎
같다

* 천자문 시조 쓰기 '오를 등騰'에서.

산 기운

병든 아들 손을 끌며
찾아다닌
이 산
저 산

누구도 주지 못한
삶의 의지를 기워준
산

솔 향에 땀을 씻으며
늘 푸르게 웃던
산

* 천자문 시조 쓰기 '기운 기氣'에서.

아내의 고백

삼십 년 모난 돌끼리
우리 할 말 참 많지요

들녘의 수선화처럼
제 생각만 했던 세월

엎디어 섬기렵니다,
저 노을 길
끝까지

* 천자문 시조 쓰기 '신하 신臣'에서.

남편의 어깨

골똘히 앞에 걷는 작은 체구가 눈에 익다

땅거미 따라 걷네,

오후 세 시 노을 앞에

헐렁한 양쪽 어깨가

눈에 자꾸

밟히네

* 천자문 시조 쓰기 '사내 남男'에서.

바늘 찾기

뙤약볕 밀짚모자
풀을 뽑는 육십 대 보살

십수 년 고개 숙이고
기도하듯 손을 모으고

남국사 잔디밭에서
바늘 끝을
찾는다

* 천자문 시조 쓰기 '도타울 돈 敦'에서.

현미 玄米

진도 사는 시누 부부
여름내 보살핀
논에

택배로 배달돼 온
진도 쌀
사십 킬로

쌀밥에 기름진 정성이
철철 녹아
흐른다

* 천자문 시조 쓰기 '정할 정精'에서.

그 흔적을 보았다

귀농해 육백여 평
이 년째 귤 농사 짓는

보내온 귤 상자 속에
친구처럼 웃는 열매

가위질 중지 손가락
그 흔적을
보았다

* 천자문 시조 쓰기 '농사 농 農'에서.

한지 공예가

번져가는 분위기엔
한지가 좋다는 친구

톱질 망치질에
오감 육감 더하는
친구

나무의 환골탈태를
불 보듯이
한단다

* 천자문 시조 쓰기 '공교할 교巧'에서.

너

언덕 위 구절초
바위 뒤에 또 한 송이

저 꽃 홀로 서 있어도
함께 웃고
함께 지는데

내 친구 연락도 없이
가을 저만
깊어라

* 천자문 시조 쓰기 '숨을 은隱'에서.

남김없이

민들레 제 홀씨를 모두 날려 보내는 뜻

나눌 때 문득문득 무지개가 보이는 뜻

풀잎에 맺힌 이슬이

고와

눈물겨워라

* 천자문 시조 쓰기 '베풀 여與'에서.

2부

내 인생 이모작에

참깨 털이

내 인생 이모작에 참깨씨를 뿌렸구나

낫 갈아 베어낸 깻단 가을볕에 말리면서

쭉정이 사이사이로

톡톡 튀는

저

별살

* 천자문 시조 쓰기 '칼 검劍'에서.

반대편에 반짝이는

내가 품고 사는 게
시일까 사랑일까

견딜 만큼 아픔만큼
반대편에 반짝이는

창밖에 달님이 내려와
방긋하고
떠난다

* 천자문 시조 쓰기 '구슬 주珠'에서.

겨울 국화

눈보라 추울수록 불빛들은 더 고왔다

새치 머리 도우미의 이십 년 꿈 내 집 앞에

노랗게 몸을 비비는

겨울 목이

따뜻해

* 천자문 시조 쓰기 '꽃 화花'에서.

겨울 바다

제 몸을 몰아세워

뒤집히고 마는 바다

불꽃보다 더 거칠게

속울음을 내뱉으며

또 한번 거듭나기 위해

몸부림을

치는가

* 천자문 시조 쓰기 '매울 렬烈'에서.

써레질

소금이 될 때까지
써레질을 하리라

햇살을 굴리면서
귤이 저만 영글듯이

시 한 줄 건져 올리고
그대 앞에
서
리
라

* 천자문 시조 쓰기 '반드시 필必'에서.

눈

삼십 년 부딪쳐보니 그러려니 그러려니
모난 돌은 모난 대로 둥근 것은 둥근 대로
올 설날 뉘우침 같은
진눈깨비 내린다

짧았던 내 생각이 저 눈 앞에 부끄러워
철옹성 내 고집이 육십 넘어 눈에 들고
텃밭의 배춧잎에도
짧은 생이 녹는다

* 천자문 시조 쓰기 '짧을 단短'에서.

푸른 낱말

돌도 나무도
온 만물이 사람 같다

새소리 바람 소리
가슴에서 가슴으로

그들이 내게 하는 말
낱말들이
푸르다

* 천자문 시조 쓰기 '시 시詩'에서.

돌멩이 하나에도

길섶의 돌멩이 주워
부처라 이름했다

부처가 나를 향해
시인이라 이름했다

촉촉이 봄비가 내려
돌멩이를
적신다

* 천자문 시조 쓰기 '형상 형形'에서.

아이처럼 보고 듣기

눈멀고 무딘 감각
육십 대 늦깎이란다

아이처럼 보고 듣기
들꽃처럼 방끗 웃기

거울 앞 내 속의 내가
산나리로
서
있다

* 천자문 시조 쓰기 '넉넉할 우優'에서.

어떤 창작론

누에가 뽕잎 먹고 비단실을 뽑아내듯

씨줄 날줄 엮어낸 형형색색 한 필 한 필

비 그친 하늘 자락에 무지개로 뜨리라

* 천자문 시조 쓰기 '지을 조造'에서.

추상화 붉은 바탕에

지고 온 보따리를
펼쳐놓은 생의 화판

한라산 서녘 자락
눈을 감는 하늘 한 폭

추상화 붉은 바탕에
범종 소리
울린다

* 천자문 시조 쓰기 '서녘 서西'에서.

초벌 원고

잡풀들이 제멋대로 뻗어가는 글밭 야산

풀을 베며 길을 내어 길 따라 오르던 여기

이 가을 억새풀 속에

작은 길이

보인다

* 천자문 시조 쓰기 '짚 고 藁'에서.

무심천 코스모스

허허벌판 무심천 근처
별빛 내린 코스모스

바람결 파도타기
꽃물결에 얼굴을 묻는

이 가을 수놓는 꽃무리
꽃잎들이
밟힌다

* 천자문 시조 쓰기 '글 경經'에서.

두 손 높여

배움이란 자신의 밭에 씨앗을 뿌리는 거

파종이 늦었으니 수확도 쉽지 않아

성글게 맺은 결실도

두 손 높여

받으리

* 천자문 시조 쓰기 '늦을 만晩'에서.

한지 공예

물 적신 색색 한지
강이 되고 산이 된다

결이 되고 선이 되는
그녀 손끝 다다른 곳

낯익은 풍경화 한 점이
솔깃
나를 부른다

* 천자문 시조 쓰기 '손 수手'에서.

기다림

천자문 텃밭에서
풀 뽑으며 또 뽑는다

아기 같은 푸른 싹이
뾰족뾰족 자라는 여기

공든 탑 하루하루가
폭염에도
기쁘다

* 천자문 시조 쓰기 '뛸 약躍'에서.

거실 백자

심산유곡 도인 하나가 날 이끌고 어딜 가나

걸으면서 나를 찾고 앉아서도 또 찾으라는

거실에 달이 잠기듯

항아리가

놓였다

* 천자문 시조 쓰기 '질그릇 도陶'에서.

3부

천자문 올레 걷기

제주 올레길에

목표인 양 걷다 보니
한라산이 등에 와 섰네

어두운 밤 북극성처럼
한가운데 서 있는 그대

어머나, 올레 리본이
나를 지켜
서
있네

* 천자문 올레 걷기 '으뜸 패覇'에서.

화순 곶자왈에서

곰보 바위 틈새로
바람 솔솔 솟아나고

저마다 하늘 향해
두 팔 벌려 받쳐 선 나무

사는 건 버텨내는 것
여기 나도
버틴다

* 천자문 올레 걷기 '맑을 결潔'에서.

곶자왈을 걸으며

인생길 발원지가
숲이었는지도 몰라

들숨 날숨 바꿔 쉬는
숲과 우린 하나인 거

빨갛게 토종 동백이
눈인사를 건넨다

* 천자문 올레 걷기 '수풀 림林'에서.

사계리 붉은 해변

진흙 위를 찍은 듯
사계리 붉은 해변

코끼리 공룡 새와
사슴 사람 발자국들

태고의 파도가 와서
자국들을
만진다

* 천자문 올레 걷기 '자취 적跡'에서.

엉또폭포

장맛비 그친 날엔
엉또폭포 올레를
걷자

제 7-1코스
나이만큼 웅숭깊은 이 길

한라산 남쪽 절벽에
용의 날개
달았다

* 천자문 올레 걷기 '낙수 락洛'에서.

오백장군

한라산 천오백 고지
지켜 선 오백장군

사람 같은 바위 곁에
철쭉꽃이 만발해라

돌과 꽃 잘 맞는 배필이
안개 속에
보인다

* 천자문 올레 걷기 '만물 물物'에서.

아흔아홉골

주름으로 다 품을 듯 한라산 굽이굽이

한 골 모자라서 승천 못 한 몸부림에

미완의 전설을 낳듯

싹이 하나

솟는다

* 천자문 올레 걷기 '골 곡谷'에서.

하얀 진달래

한라산 남벽 아래
진달래 필 즈음이면

꽃무늬 신발 신고
사뿐사뿐 오시는
봄

상고대 눈꽃 한 송이
그 옆에 와
피었다

* 천자문 올레 걷기 '필 발 發'에서.

월평리 선인장 꽃

북제주 한림읍
난대류 선인장 마을

남쪽에서 시집온
다문화 여인들이

노랗게 연등을 켜고
가시 손을
내민다

* 천자문 올레 걷기 '고을 현縣'에서.

한라산 정상에서

옥양목 다발 풀린 듯
제주섬이 눈부시다

삼백예순 제주 오름이
되새김질 양떼 같고

백록담 구상나무도
사슴뿔을
달았다

* 천자문 올레 걷기 '그릇 기쁨'에서.

한라산

사계절 나의 창에 침묵으로 자리하신

겨울엔 설봉으로, 계곡마다 넘치던 여름

든든한 당신의 품에

오늘 다시

안겨요

* 천자문 올레 걷기 '항상 상 常'에서.

빨랫줄 쪽물 천이

한라산 남벽으로 티 없이 푸른 하늘

빨랫줄 쪽물 천이 여기 와 널려 있네

남국의 구상나무 솔이 하늘가에 견준다

* 천자문 올레 걷기 '쪽 람 藍'에서.

오름 가족

큰 봉우리 작은 봉우리
초원 가득 오름 가족

좌보미 어미 소가
젖 물린 채 풀을 뜯네

섬 동쪽 소섬 품에도
송아지가
자라네

* 천자문 올레 걷기 '송아지 독犢'에서.

우도에서

오월 우도 바다가 마늘밭에 펼쳐 있다

태평양 바람 맞는 단칸방 식솔들이

햇살에 등 맞대고 앉아 고동 소릴 듣는다

* 천자문 올레 걷기 '소 우牛'에서.

월정 바다 올레

바다가 배경이면
사람들은 바닷새 같다

한순간 사진 속에
신부처럼 하얀 새여

우르르 파도가 와서
사람이랑
구른다

* 천자문 올레 걷기 '푸를 취翠'에서.

순비기꽃

못생긴 나무가
제 산을 지킨다지

화순 해변 금모래밭
바닥 기는 순비기꽃

해녀들 숨비소리가
꽃 속에서
들린다

* 천자문 올레 걷기 '모래 사沙'에서.

충주호

마을이 잠겨서도 충주호 눈빛은 맑다

호수 속에 별이 뜨고 호수 속에 전설이 뜨는

물속에 스물네 개 마을

불빛들이

켜

있다

* 천자문 올레 걷기 '맑을 징澄'에서.

두꺼비공원 느티나무

미세하게 퍼져나가 실핏줄을 이뤘구나

하늘을 우러러 가지가지 가지를 친

삼백 년 느티나무가

작은 새를

앉힌다

* 천자문 올레 걷기 '굳셀 환桓'에서.

겨울 어시장에서

비닐 앞치마에
자박자박 장화 신고

비릿한 어물전에
좌판 펴 든 겨울 하늘

간간이 왕소금 치듯
눈발들이
날린다

* 천자문 올레 걷기 '마당 장場'에서.

논물에 내린 별빛

계단식 손바닥 논

뽀글뽀글 올챙이들

모내기 끝난 논에

별빛 가득 내려온 밤

초여름 개구리 노래가

벼 포기를

키워요

* 천자문 올레 걷기 '평평할 평平'에서.

쉿!

섬 노랑붓꽃송이
연못 속에 내렸구나

창포꽃 동산에서
알을 품는 청둥오리

올레길 살금살금 걷자
새 생명을
위하여

* 천자문 올레 걷기 '삼갈 신愼'에서.

4부

천자문 풍경 따라

겨울 산

울퉁불퉁 돌길 끝이 구름밭에 멈추었네

골똘히 먼 생각의 묵언수행 스님처럼

무채색 옷을 입고서

나무들도

참선 중

* 천자문 풍경 따라 '편안 강康'에서.

가볍게 흙으로 가는

구룡산 산책길 끝자락에 덮인 낙엽

바스락 바삭바삭 발밑에서 부서지는

가볍게 흙으로 가는 낙엽들이 좋아라

* 천자문 풍경 따라 '멸할 멸滅'에서.

바람의 속성에는

바람의 속성에는 새들의 길이 있어

봄바람 속성에는 꽃잎 지는 길이 있어

가볍게 민들레 홀씨가

바람길을

뜨는 날

* 천자문 풍경 따라 '엮을 속屬'에서.

아흔아홉 계단을 거쳐

일년생 닥나무엔

아흔아홉 계단이 있어

삶아 벗겨내고

방망이로 벗겨낸 지점

은은히 농담濃淡이 번져

꽃송이를

피우네

* 천자문 풍경 따라 '먹 묵 墨'에서.

황금빛 바탕 화면

과수원 극조생이
노란 전구를 출렁일 때

나무도 고개 숙여
추수 가위를 기다릴 때

저녁놀 귤밭에 내려
성찬 준비
중이다

* 천자문 풍경 따라 '누를 황黃'에서.

미끼

좋은 게 좋은 거라며
돈방석에 던지는 미끼

돈으로 살 수 없는,
아까워라 꽃들의 청춘

살아도 사는 게 아니야,
아우성만 붉어라

* 천자문 풍경 따라 '낚시 조釣'에서.

소가 운다

북채 굳게 잡고

사람이 북을 친다

맞다가 비통해서 껍질 벗고 소가 운다

죽어도 가죽은 남아

울음 울어

다시

산다

* 천자문 풍경 따라 '북 고鼓'에서.

살붙이들

이 구석 저 구석
잊고 산 살붙이들

이제 때가 되어
헤어질 때가 되어

이삿짐 밖으로 밀려
주인 쳐다보누나

* 천자문 풍경 따라 '없을 무無'에서.

유월 민들레

립서비스 이제 그만,
모래시계 멈춰 섰네

꽃잎 다 뜯기고
오뉴월 한 품은 꽃

한마디 진심을 기다려
백발인 채
서 있다

* 천자문 풍경 따라 '심할 심甚'에서.

구절초의 계절

한마디 말 속에도
사람 냄새 짐승 냄새

한마디 말 속에도
뼈가 있고 살이 있네

구절초
하얀 말씀이
꽃대 위에 놓였네

* 천자문 풍경 따라 '무거울 중重'에서.

첫눈 아침

추억은 덮어쓰기
흑백 화면 저 창 좀 봐!

낙엽 깔린 카펫 위로
면사포를 밟고 오는

간이역 스쳐 온 겨울의
발자국이
하얗다

* 천자문 풍경 따라 '아침 조朝'에서.

봄의 힘

꽃바람 분홍 바람
무심천변 벚꽃 길에

남녀노소 손에 손에
산책로를 걷는 봄날

올챙이 이분음표들
물방울을
튕긴다

* 천자문 풍경 따라 '힘 력力'에서.

그이

내 창가 늘 그렇게
사철 따라 변하는 산

산록에서 단풍 지고
설산으로 변하는 그대

어느새 눈꽃 만발해
석양 녘이
부시다

* 천자문 풍경 따라 '저 이伊'에서.

봄동

얼었다 녹았다가 몇 번을 치렀을까
때아닌 겨울 장마에 몸살을 앓더니만
오늘은 거친 손으로
아기별을
안았네

한 생애 고비 고비 눈물 진물 닦던 곳에
텃밭이랑 꽃대들이랑 신명 나는 하루해 손길
할머니 이랑 이랑에
나비들이
밝힌다

해녀콩꽃

이리 쓸려 저리 쓸려 몸통뿐인 차귀도에
보랏빛 막 착상한 맹독성 몽오리 꽃
대여섯 젖을 빨면서 깍지 쓰고 여무네

회오리 물살 건너 절벽 위를 더듬어
숨길 죽여 물길 갈 때 삶의 끝을 넘나들던
해녀가 콩을 땄대요, 슬픈 삶을 위해서

사랑을 얻기 위해 목소리 준 인어처럼
임신 사오 개월 핏덩이를 하혈했던
해녀들 떠나간대요, 가슴병을 앓아서

하루님

하루만 피는 꽃처럼 붉디붉은 한 송이 꽃

노란불 빨간불이 교차하던 지난 삼 년

이제야 반딧불처럼 파란불을 켜는걸

여기저기 아픈 몸 하늘에 감사하며

구한 목숨 귀한 일에 알뜰살뜰 쓰고 있는

귀 열고 고운 눈으로 아픈 이를 살펴요

하루가 기적 같아 하루하루 하루님

눈 덮여 수그린 채 서른일곱 송이송이

봄기운 살며시 오면 감춘 속을 펴시길

가을 엉겅퀴

보랏빛 바랜 입술 숱 빠진 머리칼로
영실목 계단 따라 안개 내려 폭우 내려
어머니 사위는 풀꽃 빈 둥지를 지킨다

바랜 듯 지워진 듯 달빛인 듯 꽃빛인 듯
간절기 싸한 가슴 내년 봄을 기약하네
내 안의 꽃씨 하나도 불꽃처럼 피리라

다랑쉬마을 팽나무

북제주 다랑쉬마을 검버섯 핀 팽나무
사삼 때 불붙은 마을 그냥 서서 지켜보던
까맣게 타버린 세월 가슴병을 앓는가

할망당 새벽밥 나누던 식솔들 다 사라지고
발 동동 올레 동동 떨어지지 않던 걸음
바람도 대나무 숲에서 실룩실룩거린다

굼부리 품에 엎던 달맞이 강강술래
별 총총 머나먼 길 아들 손자 떠나간 길
육십 년 올레 밖에서 행여 올까 살피신다

산방산에 닿았다

1
위풍당당 산방산이 사계 바다를 증언한다
화상 입은 조간대에 갈매기 떼 날아들고
돌고래 파도를 타는 저 바다가 육지였다

또박또박 퇴적암에 밀림 동굴 발자국들
형제섬도 알고 보니 바위들 여덟 형제
만 갈래 피붙이들이 바닷속에 누웠다

2
유전병 하나쯤은 뿌리내린 계보야
근심조차 뿌리처럼 열두 군데 길을 내며
산방산 매의 눈매로 멀리멀리 보란다

올레길 10코스엔 바다도 함께 걸어
형제섬 산방산도 그 길 따라 함께 흘러
내 인생 육십 코스가 산방산에 닿았다

| 해설 |

테마 있는 행적의 운율적 기록

고정국 시인

노을 앞에 서서

2018년 2월 26일 아침, 「"아들 먼저 보내고 감옥 같은 삶" —예순 부모의 눈물」이라는 제목의 모 일간지 기사를 인터넷 사이트를 통해 읽었습니다. 기사 내용도 내용이었지만, 그 기사 아래에 '원자'라는 아이디를 가진 분이 써 올린 댓글 석 줄이 사람의 눈길을 한참이나 멈춰 세웠습니다.

그 맘 어찌 안다고 말할 수 있을까요?
그 아픔 어찌 안다고 말할 수 있을까요?

당신들~ 자녀를 먼저 떠나보낸 엄마 아빠들을 위해 기도 드립니다.

사람이 살면서 가장 큰 아픔이라면, 제 자식을 먼저 보내는 일이라 합니다. 여기 인용한 댓글이야말로 사랑하는 자녀를 먼저 떠나보낸 이 땅의 모든 엄마 아빠에게 해당될 뿐만 아니라, 오늘 이야기의 주인공 김순국 시인에게 전하는 위안의 메시지라 해도 좋을 듯싶습니다.

저녁밥 짓는구나
수한이가 사는 집에

그 동네 잔별들을
하나 둘씩 불러 앉혀

가깝게 저무는 하늘이
숭늉 물을
끓이나
—「저녁놀」 전문

저녁노을을 바라보면서, 앞서 하늘나라로 떠난 맏이 수한이가 사는 집에서 저녁밥 짓는 풍경을 그려내고 있습니다. 그리고 차츰 노을빛이 변하면서 잔별들이 하나 둘 보이기 시작합니다. 이 무렵 노을은 밥 지을 때와는 다른 빛깔, 즉 숭늉 물빛으로 서서히 사위게 됩니다. 시차에 따른 색채감의 변화로 인해 달라지는 내용 전개가 아름답습니다. 맏이 수한이가 잔별들과 어울려 노닐다가 그 별들을 불러 앉혀 함께 저녁을 먹는다는 상황 설정에서 한 편의 동화를 접하는 느낌입니다. 그런데 종장 첫머리에 "가깝게"라는 부사가 놓입니다. 아들을 결코 '멀리' 둘 수 없다는 어미의 애절함을 "가깝게"라는 낱말 속에 감추어놓은 것을 알 수 있습니다.

이 작품은 천자문 일흔다섯 번째 글자인 '불 화火'를 만나면서 노을 하늘을 떠올렸고, 붉게 타는 저녁놀에서 영감을 얻은 것 같습니다. 그리고 천자문 세 번째 글자인 '검을 현玄'에서는 한층 심화된 그리움이 구체화되고 있습니다.

블랙홀 알 수 없는 곳에
무엇으로 다시 만나리

발신음도 닿지 않는
전화기의 주인이여

네 인생 이야기꽃이

그 별에 가

맺혔다

—「너의 별 1」 전문

체념인 듯 위안인 듯, 아들을 그리다 못해 다시 만날 날을 생각하고 있습니다. '玄' 자는 단순히 검은색black을 뜻하지 않고 까마득한 혼돈chaos의 세계를 뜻하는 것으로 알고 있습니다. 시간과 공간이 분별되지 않는 그곳, '전화기 발신음도 닿지 않는 그곳', 이미 한 떨기 별빛으로 글썽이고 있는 곳에 아들의 존재를 심어놓고 있습니다.

이 시집에 부제를 단다면 단연 '천자문 올레 걷기'라 해야 할 것입니다. 작품 대부분에 천자문 한 글자씩이 붙어 있습니다. 이것 또한 남다른 작문의 접근법이라고 할 수 있습니다. 작품의 소재나 주제, 제목 등을 찾지 못해 우왕좌왕하는 경우를 볼 때마다 필자는 단연코 천자문에서 그 해법을 찾도록 권합니다. 여기 김순국 시인은 그 권유를 마다 않고, '하늘 천天'에서 '어조사 야也'에 이르기까지 적어도 시조 1천 수 이상을 써낸, 국내 몇 안 되는 시인이기도 합니다. 그리고 이 과정에서 맏이를 잃은 아픔을 쓰다듬고 있답니다.

여느 집을 막론하고 책꽂이엔 『천자문千字文』 한 권씩은

꽂혀 있을 겁니다. 이 『천자문』을 꺼내 유심히 들여다보면, 우리글의 '소리'와 한자의 '뜻'이 만나서 이뤄내는 전혀 다른 세계를 발견할 수 있습니다. 이때, 천자문 글자 한 자 한 자야말로 곧 시의 세계를 향한 징검돌이었다는 것을 경험해 본 사람만이 알 수 있습니다.

앞서거니 뒤서거니
도란도란 걷던 이 길

그 길 풀포기에
도란도란 맺힌 이슬

이제는 추억의 길에
엄마 혼자
젖는다
—「너의 별 2」 전문

문득 『외로우면 걸어라』라는 어느 시인의 산문집을 읽었던 기억이 떠오릅니다. 어쨌거나 '걷기'는 곧 '만남'의 동의어라 말하고 싶습니다. 이때 한 걸음 더 나아가, 시는 엎디어 쓰는 것이 아니라 돌려세워 만나는 것이라 둘러댈 수 있을 것 같습니다. 길이든 사람이든 하늘이든 땅이든 세상의 모든 것들은 외로운 자들을 만나기 위해 그곳에서 기다리고 있는 것입니다.

시간은 어느새 엄마를 현실 세계로 돌려세워, 그 엄마로 하여금 아들과 함께 걸었던 길을 혼자 걷게 하고 있습니다. 그 길에서 천자문 첫 자인 '하늘 천天'을 만나게 됩니다. 하늘 하면 떠오르던 '별'이 이번에는 올레 걷기 갓길 풀포기의 이슬방울로 맺혀 있습니다.

"도란도란"이라는 시어가 유난히 정겹습니다. 초장의 "도란도란"은 아들 수한이와 올레를 걸으면서 도란도란 주고받던 말소리로, 그리고 중장의 "도란도란"은 방울방울 맺혀 있는 풀포기의 이슬이었다가 어느새 눈가에 맺힌 엄마의 눈물방울로 환치되고 있습니다.

외로움이란 결코 혼자여서가 아니라, 반쪽이었을 때 나타나는 심리적 현상이겠지요. 그 반쪽을 만나기 위해 시인은 길을 나섭니다. 어느새 내가 찾아가는 대상이 아니라, 나를 향해 다가오는 그 무수한 대상들을 만나게 되는 장소가 길이라 할 수 있습니다. 내 마음이 간절할 때, 주변의 모든 것들이 사람의 형태로 다가와 시를 속삭여주는 것입니다.

천자문 올레 걷기

『천자문』 250구句, 125절節의 1천 글자 속에는 천지간에 도사리고 있는 우주 삼라만상의 온갖 진리가 담겨 있을 뿐만 아니라, 인간 수양의 정곡을 찌르는 천하무비의 광범하고도 오묘한 명문 명시집이라고 학자들은 말합니다.

'올레 걷기'에서 '올레'란 일반적인 골목 다음으로 한 개인의 가정집으로 통하는 길의 최소 단위를 일컫는 제주 사투리로서, 국도 지방도 등과는 상대적 의미를 지닙니다. 거기에다 일반 도로는 공유물이지만, 올레는 주로 개인 명의로 등록돼 있다는 특징이 있지요. 그렇다면 시인에게도 '내면의 올레'가 있기 마련입니다. 자기 내면에 있는 최소 단위의 행로를 더듬는 과정에서 전혀 접해보지 못한 '나의 반쪽'을 만나게 된다면, 거기에서 천자문 한 자 한 자가 아주 중요한 징검돌 구실을 했다고 할 수 있을 겁니다.

뙤약볕 밀짚모자
풀을 뽑는 육십 대 보살

십수 년 고개 숙이고
기도하듯 손을 모으고

남국사 잔디밭에서
바늘 끝을
찾는다
—「바늘 찾기」 전문

불심과 돈독敦篤해지기 위해 주기적으로 찾아가는 사찰이 있는 것 같습니다. 어느 날 그 사찰 마당에서 뙤약볕을 무릅쓰고 앉아 풀을 뽑는 보살의 뒷모습에서 불심 쪽으로 다가가는 스스로를 발견하고 있습니다. 그러나 풀을 뽑는 모습이 마치 사막에서 바늘을 찾는 것처럼 보이면서, 자신으로서는 결코 부처님 말씀처럼 산다는 것이 말처럼 쉽지 않을 것이라는 것을 우회적으로 고백하고 있습니다. 바로 천자문 '도타울 돈敦'을 불러 앉혀 「바늘 찾기」의 시조 한 수를 만나고 있습니다.

고전 또는 외국 문헌 번역가가 그 원문을 우리말로 번역하듯이, 시인은 눈앞에 펼쳐지는 모든 물상들을 만날 때마다 저들이 내게로 다가와 내면의 문을 두드리는 노크 소리를 듣습니다. 그 순간 내면에서 나도 모르게 발육되는 풍경과 사상과 언어를 만나게 마련이지요. 그것을 영감靈感이라 해야 좋을지는 모르겠지만, 이 상황들을 우리말로 받아쓰는 자가 바로 시인이 아닐까 싶습니다.

민들레 제 홀씨를 모두 날려 보내는 뜻

나눌 때 문득문득 무지개가 보이는 뜻

풀잎에 맺힌 이슬이

고와

눈물겨워라
—「남김없이」 전문

어느 날 시인은 올레를 걷다가 바람에 홀씨를 날리는 민들레 포기를 본 것 같습니다. 하얗게 영근 씨앗들을 하나도 남김없이 떠나보내는 모습을 보면서 문득 '베풂'이라는 인간적 행위를 떠올립니다. 한참 후 천자문 '베풀 여與'를 만나면서 소중한 씨앗들을 남김없이 바람에 날리던 그 민들레를 생각했겠지요. 일반적으로 민들레의 그 모습을 번식의 본능적 행위라 할 것입니다. 시인이야말로 그 일반적 상식을 뛰어넘는 '탈상식'을 추구하는 존재라 했을 때, 보다 적극적인 수

용 태세로서 '베풂'을 읽었으며 비로소 행복 추구라는 화살표를 찾아냈던 것 같습니다. 한사코 소유에만 눈을 붉히는 광적인 세상이어서인지, 이 작품이 차라리 눈물겹습니다.

길섶의 돌멩이 주워
부처라 이름했다

부처가 나를 향해
시인이라 이름했다

촉촉이 봄비가 내려
돌멩이를
적신다
—「돌멩이 하나에도」 전문

"돌멩이"라는 볼품없는 시어가 부처와 시인을 만나고 있습니다. 불가佛家에서 쉽게 만나볼 수 있는 '인연因緣'이라는 단어가 있지요. 삼다도 제주에는 돌멩이가 많습니다. 올레걷기에 해당되는 길들은 대부분 비포장도로여서 걷는 중에 돌부리에 걸려 비틀대는 경우가 많습니다. 어느 봄비 촉촉이 내리는 날, 돌멩이 하나가 올레를 걷는 시인의 발목을 잡

았던 것 같네요. 마침내 그 돌멩이와 시인이 인연을 맺는 순간을 지켜봐야 할 것 같습니다. 시인은 화내기는커녕 오히려 그 돌멩이를 손바닥에 얹어 따뜻한 눈인사를 나누고 있습니다. 우리는 여기에서 범신론汎神論의 대표적인 사상가 스피노자를 만납니다. 그리고 돌멩이가 곧 '부처(신)'가 되면서, 그 부처가 김순국에게 '시인'이라 이름하는 명명식命名式이 이루어지게 됩니다. 이때 봄비가 촉촉이 내리면서 돌멩이와 시인의 만남을 축복합니다.

천자문 텃밭에서
풀 뽑으며 또 뽑는다

아기 같은 푸른 싹이
뾰족뾰족 자라는 여기

공든 탑 하루하루가
폭염에도
기쁘다
—「기다림」 전문

천자문 902번째 글자 '뛸 약躍'을 만나면서 쓴 작품 같네요. 여기 이 '약躍'은 '뛰다', '뛰어오르다', '가슴이 뛰다' 등의 의미를 지닌 한자입니다. '천자문 따라 시조 쓰기' 대장정 중 900 계단을 넘어서는 순간의 고충과 기쁨을 짐작하게 합니다. "천자문 텃밭에서 / 풀 뽑으며 또 뽑는다"라는 시조 초장에서 우리는 "풀"에 의미를 둘 필요가 있을 것 같습니다. 그리고 "뽑으며 또 뽑는다"라는 반복 처리를 보면서 천자문 시조 쓰기가 얼마나 고달픈 고난도의 과정인가를 헤아려 볼 수 있습니다. "풀"은 욕심이고 "뽑는다"는 '비움'의 철학이 담겨 있으리라는 것으로 봤을 때, 이 과정이야말로 공자의 본무本務(기본 갖추기에 힘쓰라) 사상과도 상통하리라 믿습니다. 노자도 그랬지요, 남을 이기려人勝 하지 말고 자승自勝, 즉 자신을 이기기 위해 노력하라고!

만일 시조 쓰기 초보자들이 '천자문 따라 시조 쓰기' 과정을 택한다면 손쉽게 다양한 소재를 만나는 흥미진진함을 체험하게 될 것입니다. 김순국은 여기에다 정직성, 지속성, 창의성이라는 세 가지의 마음가짐으로 '천자문 따라 시조 쓰기'의 천 계단을 오르고야 말았습니다. 이처럼 테마 있는 습작 태도의 승리 앞에 필자는 등단 이상의 박수를 보내고 싶습니다.

서경과 서정 그리고

이쯤에서 이 시집의 표제가 '반대편에 반짝이는'인 이유를 알 것 같습니다. 빛의 바늘귀가 새벽 창문 틈으로 스며들 듯, 아름다움의 뿌리도 아픔 또는 어둠 속에서 자양분을 흡수한다는 의미라 해도 무방할 듯싶네요.

며칠 전 혹한을 넘긴 한림 금악오름 꼭대기를 올랐습니다. 그리고 마른 풀 사이사이를 조심스레 헤쳐보았습니다. 그 침묵의 마른 풀 사이사이로 봄의 전령사처럼 산자고 봉오리들이 봄을 향해 하얀 주둥이를 내밀고 있었습니다.

글쓰기 초보 단계에서 시력視力과 어휘력語彙力 갖추기가 필수 조건이라 한다면, 차라리 방문을 박차고 나가 세상과 좀 더 적극적인 만남이 있어야 할 것입니다.

마을이 잠겨서도 충주호 눈빛은 맑다

호수 속에 별이 뜨고 호수 속에 전설이 뜨는

물속에 스물네 개 마을

불빛들이

켜

있다

—「충주호」 전문

내륙의 바다라 불릴 정도로 그 규모가 큰 충주호에 시인이 갔던 것 같습니다. 지금은 관광 명소로 알려져 있지만, 당초 이곳은 댐 건설로 인해 충주, 단양, 제천 등 3개 지자체의 약 5만 명의 수몰 이재민을 낳은 가슴 아픈 기억의 장소이기도 합니다.

이 「충주호」에서는 시인의 주관 개입이 전혀 없는, 맑은 호수의 눈빛이 느껴집니다. 그런데 이토록 짧고 담담한 작품에서 심상치 않은 행갈이가 읽는 이의 시선을 멈칫하게 합니다. 초 · 중 · 종장 사이에 무려 다섯 개의 빈 행을 배치시켜놓았네요. 시어 사이사이에 감추어진 행간의 의도를 읽어내는 안목, 즉 시조의 독해력을 주문하는 것 같습니다. 그리고 천자문의 '맑을 징澄'을 충주호 맑은 물빛에 갖다 맞추는 감각 있는 순발력이 독자의 눈빛을 더욱 맑게 해주고 있습니다. 그런 의미에서 이 「충주호」 한 편이야말로 나무랄 데 없는 서경시敍景詩라 할 수 있습니다.

사계절 나의 창에 침묵으로 자리하신

겨울엔 설봉으로, 계곡마다 넘치던 여름

든든한 당신의 품에

오늘 다시

안겨요

—「한라산」 전문

세월이 흘러 바깥 풍경이 바뀌면서 가깝던 사람도 꽃들도 떠나가게 마련입니다. 그런데 제주 시인들 곁에는 바보처럼 제자리를 지키는 커다란 얼굴이 둘 있습니다. 바로 한라산과 바다입니다. 이들 산과 바다는 제주에 사는 사람들의 가슴에 자리 잡고는, 백 날 천 날 같은 모습, 같은 소리를 낸답니다. 그중 한라산은 사시사철 얼굴색을 바꾸면서 시인의 창을 함께할 뿐만 아니라, 내면 변화에도 관여하고 있었던 것 같습니다. 앞의 충주호가 바깥 풍경이라면, 여기 한라산은 바로 시인의 내면 풍경이라 할 수 있겠지요. 바깥 풍경이 내면을 자극하여 밖으로 끄집어낸 내면 풍경의 시적 표현을 서정시抒情詩라고 하는지 모르겠습니다. 오늘도 시인은 올레를 걸으며 든든한 남편의 가슴 같은 산을 바라보고 있습니다.

군자의 언행은 도덕적 습관에 근거하지만, 시인은 도덕의 경계선을 뛰어넘어 사유의 원시림에 감추어둔 하늘의 언어를 찾아내는 존재라고 할 수 있습니다.

옥양목 다발 풀린 듯
제주섬이 눈부시다

삼백예순 제주 오름이
되새김질 양떼 같고

백록담 구상나무도
사슴뿔을
달았다
—「한라산 정상에서」 전문

마침내 올레를 걷는 발걸음이 한라산 정상에 가 닿았습니다. 그곳에서 제주섬 동서남북을 바라보노라니, 섬 전체가 하나의 그릇처럼 보였나 봅니다. 그리고 섬 전체에 고루 고루 분포된 삼백예순 오름들을, 초원에 누워 되새김질하는 초식동물로 그려내고 있습니다.

이 작품에서 특히 눈여겨볼 것은, 살아 천년 죽어 천년을 자랑하는 백록담 근처 구상나무의 형상입니다. 정상에 이르러서야 보게 되는 구상나무 고사목에서, 전설에서나 볼 법한 백록의 뿔을 발견합니다. 이것이야말로 서경과 서정의 단계를 거쳐 '빼빼 마른 정신의 승리!'를 상징하는 '빛나는 사슴뿔'을 독자에게 선물하는 것 같습니다.

신비의 천자문 보법

우리 삶의 모든 행위야말로 자연 귀의自然歸依의 과정이라 할 수 있습니다. 그래서 자연은 우리 시인들이 섬기는 신神의 대명사일지 모릅니다. 천자문 '수풀 림林'에 이르러 제주도 곳곳에 분포돼 있는 '곶자왈'을 만났습니다. 곶자왈을, 편히 원시림이라 생각하면 좋을 것 같습니다.

인생길 발원지가
숲이었는지도 몰라

들숨 날숨 바꿔 쉬는
숲과 우린 하나인 거

빨갛게 토종 동백이
눈인사를 건넨다
—「곶자왈을 걸으며」 전문

그 곶자왈에 분포된 수종 중엔 유난히 동백이 많습니다. 요즘처럼 겨울과 봄 사이에 이들 토종 동백은 뾰족뾰족 주둥이를 내밀다가 빨갛게 눈인사를 하곤 합니다. 한편 곶자왈은 이 '섬의 허파'라는 데서 오랜만에 "들숨 날숨"이라는 시어를 만나게 되네요.

계단식 손바닥 논

뽀글뽀글 올챙이들

모내기 끝난 논에

별빛 가득 내려온 밤

초여름 개구리 노래가

벼 포기를

키워요
—「논물에 내린 별빛」 전문

천자문 '평평할 평平'에서 문득 평야를 떠올렸고, 나아가 모내기 끝난 초여름 논물 가득한 논두렁에서 논물에 내려온 별무리를 본 것 같습니다. 시각적으로 다가온 그 별빛이 어느새 개구리 울음소리라는 청각으로 바뀌고 있습니다. 시각의 청각화……, 국어 시간에 배웠던 공감각共感覺 기법이 여기 있네요.

초장의 "뽀글뽀글 올챙이"는 낮의 풍경이고, 그 계단식 논에 별을 품고 밤이 내려왔습니다. 그리고 뽀글거리던 올챙이가 어느새 개구리로 성장해서는, '개골개골 개골개골' 개구리 소리가 초여름 밤을 가득 채웁니다. 종장에서는 "초여름 개구리 노래가 // 벼 포기를 // 키워요"라는, 개구리 소리가 벼 포기를 키운다는 억지 아닌 억지가 읽는 이를 즐겁게 해주네요.

한편 이 「논물에 내린 별빛」에서 '나열'과 '전개'의 기법을 발견할 수 있습니다. 시조의 단수에서 3장 6구 12음보의 전개는 낱말과 상황의 나열이 아니라, 이들 장과 구와 음보가 각기 징검다리 역할을 하면서 점진적으로 진화해나가고 있습니다. 이 기법이야말로 단수가 지니는 생명력이 아닌가 싶습니다. 다음 작품에서 그 명증성을 확인할 수 있네요.

북채 굳게 잡고

사람이 북을 친다

맞다가 비통해서 껍질 벗고 소가 운다

죽어도 가죽은 남아

울음 울어

다시

산다

—「소가 운다」 전문

천자문 453번째 글자 '북 고鼓'를 만나면서 시인은 다시 북소리를 떠올렸고, 그 북소리를 단순히 북소리가 아닌 소 울음소리로 받아내고 있습니다. 사람이 흥을 위해 북채로 북 두들기는 것을 보다가, 이번에는 소의 입장에서 북 치는 사람을 보고 있네요. "맞다가 비통해서 껍질 벗고 소가 운다", 그리고 "죽어도 가죽은 남아 // 울음 울어 // 다시 // 산다".

사람들은 소를 두고 어디 하나 버릴 것이 없는 동물이라고 합니다. 소의 노동력은 차치하더라도, 뿔이든 가죽이든 고기든 젖이든 모든 것이 인간을 위해 태어난 짐승인 양 취급되고 있습니다. 그 소들 중 한 마리가 죽어 오늘은 그 가죽이 북으로 재활용되고, 그 북소리가 시로 탄생하면서 우리에게 생명의 경각심을 일깨워 주고 있습니다.

좋은 시일수록 이처럼 사람을 불러 세워 생각하게 하는 힘을 지니는 것 같습니다.

얼었다 녹았다가 몇 번을 치렀을까
때아닌 겨울 장마에 몸살을 앓더니만
오늘은 거친 손으로
아기별을

안았네

한 생애 고비 고비 눈물 진물 닦던 곳에

텃밭이랑 꽃대들이랑 신명 나는 하루해 손길

할머니 이랑 이랑에

나비들이

밝힌다

—「봄동」 전문

이 작품은 천자문 시조 쓰기 이전에 이미 중앙시조 월말 백일장에 뽑혔던 것으로 알고 있습니다. 겨울 넘긴 텃밭의 배추 포기들이 노란 꽃동을 올리면서 그 꽃들 사이로 나풀거리는 나비가 눈에 보입니다. 문득 "거친 손"과 한 생애 눈물 진물 훔쳤던 할머니가 등장하면서, 그 텃밭에 숨겨진 아픔의 스토리를 짐작하게 합니다.

하루만 피는 꽃처럼 붉디붉은 한 송이 꽃

노란불 빨간불이 교차하던 지난 삼 년

이제야 반딧불처럼 파란불을 켜는걸

여기저기 아픈 몸 하늘에 감사하며

구한 목숨 귀한 일에 알뜰살뜰 쓰고 있는

귀 열고 고운 눈으로 아픈 이를 살펴요

하루가 기적 같아 하루하루 하루님

눈 덮여 수그린 채 서른일곱 송이송이

봄기운 살며시 오면 감춘 속을 펴시길

—「하루님」 전문

한 편의 작품에는 한 편의 소설이 있다 하지요? 독자가 참고해야 할 것은, 김순국 시인은 녹내장 중증으로 독서가 여간 힘들지 않다는 것입니다. 시인이 반드시 읽어야 할 네 가지라면, 자연과 고전과 세상과 자아自我라 할 수 있습니다. 그런데 김순국 시인은 그중에 고전(책) 읽기가 너무 어렵다는 것을 필자에게 고백한 바 있습니다. 그러한 이유 때문에 산책이 일상화되면서, 결국 그 산책이 올레 걷기로 발전한 것 같습니다. 그 걷기에서 이 신비스런 천자문 보법이 탄생했으며, 그 보법에다 '시조의 결'을 입혔던 것입니다. 여기 「하루님」은 천자문 보행에서 살짝 벗어나, 아마도 녹내장 환우患友와의 대화에서 얻어낸 이야기 같습니다. 하루님의 빠른 쾌유를 빕니다.

하나님이 세상을 창조했을 때, 아담으로 하여금 만물에 이름을 붙이도록 했다는 일화가 있습니다. 하나님이 사자를 데리고 와서 아담에게 물었지요. 그는 또 코끼리에게 이름을 붙이라 했습니다. 그래서 사자와 코끼리의 이름이 생겨났다는 것입니다. 이후로 사람은 만물에 이름을 붙이기 시작했습니다. 여기에서 어쩌면 세상의 모든 지식은 표기된 것, 즉 이름 붙여진 것일 뿐이라는 반증이 가능하리라 봅니다.

이처럼 지식은 그저 알고 있는 것처럼 보일 뿐, 알고 있는 것은 아닙니다. 지식은 빌려 온 것이며, 앎은 자기 자신의 것입니다. 지식은 언어에 의한 것이며, 앎은 삶을 통해서 얻게 되는 것입니다. 앎에서 사람은 해방되고 자유로워집니다. 그러나 지식은 사람을 구속합니다.

우리가 시를 쓰는 과정에서 지식보다 체험을 존중하는 이유가 바로 앎을 통해서 생명력을 획득하려는 것입니다. '시를 쓰는 목적' 또한 여기에서 찾고 싶습니다.

시인은 '읽는 사람'이 아니라 '읽어내는 사람'이라고 했을 때, 체험으로 얻어진 나의 '앎'만으로도 전혀 새로운 시의 길을 찾아낼 수 있다는 확신을 가질 필요가 있습니다. 하여 녹내장이라는 시력장애 때문에 독서의 한계를 염려할 필요는 없을 것 같습니다. 존 밀턴이 완전 실명 후 「실낙원」이라는 시의 고전을 탄생시킨 것만 봐도, 진정한 시인은 하늘이 내린 존재가 아닌가 싶습니다.

—2018년 삼일절 새벽, 소안도 '달 뜨는 집'에서

김순국

1954년 제주 출생.
제주여중고, 서울여자간호대학 졸업.
미국 코네티컷주 주립대학 간호학과 4년 수료.
2009년 〈제주일보〉 지상백일장 장원.
젊은시조문학회 회원, 시조갤러리 운영위원(현).
soonguk1740@hanmail.net

반대편에 반짝이는

—

초판 1쇄 2018년 4월 20일
지은이 김순국
펴낸이 김영재
펴낸곳 책만드는집

—

주소 서울 마포구 양화로3길 99 4층 (04022)
전화 3142-1585 · 6
팩스 336-8908
전자우편 chaekjip@naver.com
출판등록 1994년 1월 13일 제10-927호

—

ISBN 978-89-7944-650-0 (04810)
ISBN 978-89-7944-354-7 (세트)